四川省地方标准

公路梁式桥梁变刚度支座技术规程

DB 51/T 2596—2019

Technical Specification for Variable Stiffness
Bearings of Highway Beam Bridge

主编单位：四川省公路规划勘察设计研究院有限公司
　　　　　成都市大通路桥机械有限公司
批准部门：四川省市场监督管理局
实施日期：2019 年 09 月 01 日

人民交通出版社股份有限公司

图书在版编目(CIP)数据

公路梁式桥梁变刚度支座技术规程／四川省公路规划勘察设计研究院有限公司，成都市大通路桥机械有限公司主编. — 北京：人民交通出版社股份有限公司，2019.11
　ISBN 978-7-114-15929-9

Ⅰ.①公… Ⅱ.①四… ②成… Ⅲ.①公路桥—梁桥—桥梁支座—技术规范—四川 Ⅳ.①U448.143.36-65

中国版本图书馆 CIP 数据核字(2019)第 240722 号

书　　名：	公路梁式桥梁变刚度支座技术规程
著　作　者：	四川省公路规划勘察设计研究院有限公司
	成都市大通路桥机械有限公司
责任编辑：	黎小东
责任校对：	孙国靖　魏佳宁
责任印制：	张　凯
出版发行：	人民交通出版社股份有限公司
地　　址：	(100011)北京市朝阳区安定门外外馆斜街 3 号
网　　址：	http://www.ccpress.com.cn
销售电话：	(010)59757973
总　经　销：	人民交通出版社股份有限公司发行部
经　　销：	各地新华书店
印　　刷：	北京市密东印刷有限公司
开　　本：	880×1230　1/32
印　　张：	1.375
字　　数：	26 千
版　　次：	2019 年 10 月　第 1 版
印　　次：	2021 年 1 月　第 2 次印刷
书　　号：	ISBN 978-7-114-15929-9
定　　价：	30.00 元

(有印刷、装订质量问题的图书，由本公司负责调换)

前　言

根据四川省市场监督管理局川市监函〔2019〕451号文件要求，以交通运输部科技项目"中等跨度钢管混凝土桁梁桥成套技术研究"和四川省交通科技项目"多跨梁桥变刚度支座技术开发与工程应用"的科研成果为支撑，制定《公路梁式桥梁变刚度支座技术规程》。

本规程主要技术内容包括：总则、术语和符号、基本规定、产品类型与结构、产品技术要求、产品检验与验收、产品检查与养护等。

本规程由四川省市场监督管理局负责管理和对强制性条文的解释，由四川省公路规划勘察设计研究院有限公司负责具体技术内容的解释。在执行过程中如有意见和建议，请寄送至四川省公路规划勘察设计研究院有限公司（地址：成都市武侯横街1号，邮编：610041）。

主编单位：四川省公路规划勘察设计研究院有限公司
　　　　　成都市大通路桥机械有限公司
参编单位：四川交通职业技术学院
　　　　　四川川交路桥有限责任公司
主要起草人：牟廷敏、范碧琨、罗启、李成君、伍大同、李胜、倪春梅、罗普社、狄秉臻、赵艺程、康玲、孙才志、汪碧云、杨君、李畅、何娇阳、文凯、宋瑞年。

目 次

1 范围 ··· 1
2 规范性引用文件 ·· 2
3 总则 ··· 4
4 术语和符号 ·· 7
   4.1 术语 ·· 7
   4.2 符号 ·· 8
5 基本规定 ··· 9
6 产品类型与结构 ··· 12
   6.1 产品类型 ··· 12
   6.2 产品结构 ··· 13
   6.3 产品代号 ··· 14
7 产品技术要求 ··· 15
   7.1 支座性能要求 ··· 15
   7.2 支座用材料技术要求 ··· 16
   7.3 尺寸偏差要求 ··· 19
8 产品检验与验收 ·· 22
   8.1 产品检验 ··· 22
   8.2 产品验收 ··· 24

9 产品检查与养护 …………………………………………… 25
　9.1 产品检查 ………………………………………………… 25
　9.2 产品养护 ………………………………………………… 26
附录A 变刚度支座试验要求 ………………………………… 27
附录B 变刚度支座应用案例 ………………………………… 33
本规程用词用语说明 …………………………………………… 38

1 范围

本规程规定了多跨梁桥变刚度支座的应用范围、规范性引用文件、总则、术语和符号、基本规定、产品类型与结构、产品技术要求、产品检验与验收、产品检查与养护等要求。

本规程适用于多跨梁桥的支座设计与施工。

2 规范性引用文件

下列文件对于本文件的应用是必不可少的。凡是注日期的引用文件,仅注日期的版本适用于本文件。凡是不注日期的引用文件,其最新版本(包括所有的修改单)适用于本文件。

GB/T 528 硫化橡胶或热塑性橡胶 拉伸应力应变性能的测定

GB/T 700 碳素结构钢

GB/T 1033.1 塑料 非泡沫塑料密度的测定 第1部分:浸渍法、液体比重瓶法和滴定法

GB/T 1040.1 塑料 拉伸性能的测定 第1部分:总则

GB/T 1682 硫化橡胶 低温脆性的测定 单试样法

GB/T 3280 不锈钢冷轧钢板和钢带

GB/T 3398.1 塑料 硬度测定 第1部分:球压痕法

GB/T 3512 硫化橡胶或热塑性橡胶 热空气加速老化和耐热试验

GB/T 7233.1 铸钢件 超声检测 第1部分:一般用途铸钢件

GB/T 7759.1 硫化橡胶或热塑性橡胶 压缩永久变形的

	测定　第1部分:在常温及高温条件下
GB/T 7760	硫化橡胶或热塑性橡胶　与硬质板材粘合强度的测定　90°剥离法
GB/T 7762	硫化橡胶或热塑性橡胶　耐臭氧龟裂　静态拉伸试验
GB/T 11352	一般工程用铸造碳钢件
GB/T 17955	桥梁球型支座
GB/T 20688.1	橡胶支座　第1部分:隔震橡胶支座试验方法
GB/T 20688.2	橡胶支座　第2部分:桥梁隔震橡胶支座
HG/T 2502	5201硅脂
HG/T 2198	硫化橡胶物理试验方法的一般要求
JG/T 118	建筑隔震橡胶支座
JTG 3362	公路钢筋混凝土及预应力混凝土桥涵设计规范
JTG/T B02-01	公路桥梁抗震设计细则
JT/T 4	公路桥梁板式橡胶支座
JT/T 722	公路桥梁钢结构防腐涂装技术条件
JT/T 901	公路桥梁支座用高分子材料滑板

3 总 则

3.0.1 为规范多跨梁桥用变刚度支座设计、制造、试验、安装与质量验收，提高变刚度支座的耐久性能，结合相关技术开发成果，制定本规程。

3.0.2 多跨梁桥变刚度支座的竖向承载能力和变形应符合《桥梁球型支座》(GB/T 17955)的相关要求，支座水平刚度应根据桥墩刚度、支座位置计算确定。制造单位应根据设计要求，开展变刚度支座的生产。

3.0.3 多跨梁桥变刚度支座的刚度设计应分级选取，同一座桥梁变刚度支座的刚度分级种类不应超过 5 种。

3.0.4 同一座桥梁、同一个项目或同一跨度，多跨梁桥变刚度支座外形尺寸的长、宽、高宜相同。

3.0.5 多跨梁桥变刚度支座、防尘罩应由制造单位成套提供。

3.0.6 多跨梁桥变刚度支座应满足下列要求：

1 多跨梁桥变刚度支座选用的材料和材质应满足《桥梁球型支座》(GB/T 17955)及《公路桥梁板式橡胶支座》(JT/T 4)的有关规定；

2 多跨梁桥变刚度支座的标志、包装、储存、运输、安装应满足《桥梁球型支座》(GB/T 17955)的规定；

3 多跨梁桥变刚度支座的试验应满足《橡胶支座 第1部分:隔震橡胶支座试验方法》(GB/T 20688.1)的规定；

4 多跨梁桥变刚度支座除应满足本规程的要求外，尚应符合国家、行业其他有关标准、规范的要求。

3.0.7 变刚度支座采用的材料、材质和强度等，应与同级等刚度支座的要求一致。

条文说明

支座采用的橡胶、钢材等材料，其化学成分、物理性能、力学性能、强度等级、韧性指标等，应与同级等刚度支座要求一致。

3.0.8 通过桥梁整体计算或变刚度支座整体计算专用软件，求出每个桥墩支座的计算刚度；再根据支座刚度分级原则、工程规模和安全储备的要求，确定每个桥墩支座的制造刚度。

3.0.9 大跨径梁式桥梁变刚度支座竖直方向支撑与水平方向阻尼限位支撑的功能应分开设置。竖直方向支座的支撑能力宜按普通支座功能设计；水平方向阻尼限位支座的阻尼能力，宜根据结构计算在水平方向容许的弹性变形值进行设计。

条文说明

跨径超过60m的大跨径梁式桥梁结构，在温度、动荷载及地震荷载作用下，纵向变位需求量较大，此时采用竖直向和水平向复合的变刚度支座，其受力大、受力状况复杂、双向受力难以协调。因此，应将竖向和水平方向的功能分开设置，如图3.0.9所示。

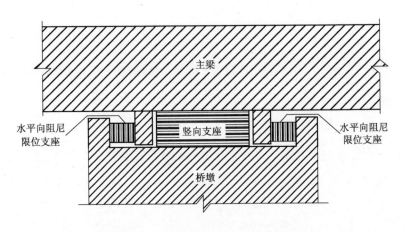

图3.0.9 大跨径梁式桥梁变刚度支座示意图

3.0.10 变刚度支座的现场安装程序，施工单位应根据桥梁建设条件，提出详细的安装组织设计方案，报请批复后实施。

4 术语和符号

4.1 术 语

4.1.1 变刚度支座

保持支座外形尺寸及竖向承载力不变,通过内部构造和材料参数的匹配和变化,调整水平刚度的支座。

4.1.2 水平刚度

剪切力与剪切变形的比值。

4.1.3 并联刚度

同一桥墩墩顶各支座的刚度并联,并联刚度为该墩顶各支座刚度之和。

4.1.4 串联刚度

墩顶支座刚度与桥墩墩顶刚度串联,两刚度串联之后,其集成刚度为两刚度之积除以刚度之和。

4.1.5 整体刚度

单联桥梁中所有支座与桥墩集成刚度的总和。

4.1.6 单联

单个两相邻伸缩缝之间的一联桥称为单联。

4.2 符 号

4.2.1 几何参数有关符号

K_h——水平刚度；

R_a——粗糙度；

l_a——橡胶体长度；

t_a——橡胶体厚度；

l_b——支座顶、底板长度；

t_b——支座顶、底板厚度；

l_c——支座圆弧板长度；

t_c——支座圆弧板厚度；

r_c——支座圆弧板半径；

d——支座套筒直径；

L——桥墩高度。

5 基本规定

5.0.1 采用变刚度支座设计的桥梁,应在桥台处设置普通滑动型支座。

条文说明

桥台尺寸大、高度矮、地基约束力强,因此,近似认为桥台刚度无穷大,但是桥台处距离主梁联长的变位零点较远,主梁位移需求较大,故设置普通滑动型支座。

5.0.2 墩和支座串联刚度的大小,应与墩距本联主梁变位零点位置的距离成反比。

条文说明

单联主梁变位零点的位置与墩的串联刚度所处的位置相关。

5.0.3 支座的外形尺寸设计应以竖向承载力为标准确定,并满足桥梁结构设计尺寸的要求,在此基础上进行水平刚度的设计。

5.0.4 采用变刚度支座设计时,桥梁单联长度应根据墩的集成刚度总和确定,单联长度一般宜大于5跨。

条文说明

各墩串联刚度之和称为单联桥墩集成刚度的总和。相近主梁联长条件下,桥墩高度较矮、桥墩高度差较小时,单联集成刚度一般较大,主梁单联长度宜偏小;桥墩高度较高、桥墩高度差较大时,单联集成刚度一般较小,主梁单联长度宜偏大。因此,桥梁单联长度应根据墩的集成刚度总和确定,但一般宜大于5跨。

5.0.5 各桥墩对应的支座水平刚度值可通过试算确定。试算选用支座水平刚度时,一般高墩处采用较大支座水平刚度,矮墩处采用较小支座水平刚度。

5.0.6 采用变刚度支座设计时,本联内各墩的墩底控制截面弯矩设计值与抗弯承载力的比值不宜超过2倍,应作为本联各墩支座水平刚度调整目标,且应满足设计安全需求。

条文说明

墩底控制截面的作用效应取静力计算和抗震计算中的最大值。

5.0.7 桥梁支座水平刚度应进行分级,再将分级后的支座刚度代入桥梁结构验算,验算结果应满足设计要求。

条文说明

根据桥墩刚度、支座位置计算确定的各墩支座水平刚度数据各不相同,为方便制造和施工宜采取分级简化,简化后的刚度应代入桥梁结构重新验算。

5.0.8 变刚度支座不具备纵向限位功能,桥梁应设置满足抗震设计要求的专用限位构造。

5.0.9 单联桥梁上部结构顺桥向的联结构造,应具有足够的强度。

条文说明

采用变刚度支座的单联桥梁上部结构联长较长,顺桥向受力较大,为了确保上部结构传力顺畅,联结构造必须具有足够的强度、刚度和耐久性,其中联结构造包括:板联结构造、桥面铺装联结构造或整平层联结构造等。

5.0.10 确定分联长度时,支座设计位移量应满足桥梁因制动力、温度、混凝土收缩徐变和地震等作用引起的位移需求。

6 产品类型与结构

6.1 产品类型

6.1.1 按使用性能将变刚度支座分为：
1 BGD-DX型单向活动型变刚度支座；
2 BGD-SX型双向活动型变刚度支座。

条文说明

单向活动型变刚度支座，指支座在纵桥向水平变刚度，横桥向固定的支座类型；双向活动型变刚度支座，指支座在纵桥向水平变刚度，横桥向为有限范围内活动的支座类型。

6.1.2 按材料的适用温度将变刚度支座分为：
1 常温型变刚度支座；
2 耐寒型变刚度支座。

条文说明

适用于-25~60℃温度范围内的桥梁变刚度支座，称为常温型变刚度支座；适用于-40~60℃温度范围内的桥梁变刚度支座，称为耐寒型变刚度支座。

6.2 产品结构

6.2.1 变刚度支座结构示意如图6.2.1所示。

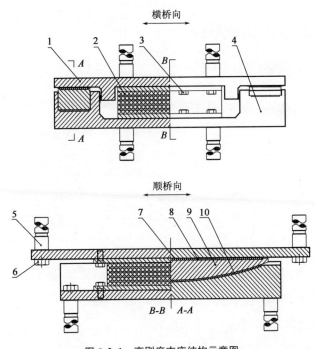

图6.2.1 变刚度支座结构示意图

1-顶板;2-变刚度橡胶支座;3-连接螺栓;4-下座板;5-钢套筒;6-锚固螺栓;
7-不锈钢板;8-平面滑板;9-圆弧板;10-弧面滑板

6.2.2 根据桥梁计算变刚度支座的水平刚度值,具有类似桥梁支座生产能力的厂家应进行变刚度支座构造的专门设计,按建设管理程序报请审查批复后,可进行变刚度支座的生产、制造、检验。

6.3 产品代号

6.3.1 支座代号表示方法如下:

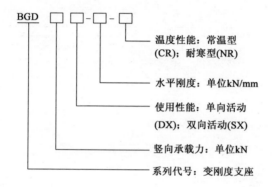

示例1:BGD3000SX-3.6-CR 表示:双向活动型变刚度支座,设计竖向承载力3000kN,水平刚度3.6kN/mm,常温型。

示例2:BGD3000DX-1.8-NR 表示:单向活动型变刚度支座,设计竖向承载力3000kN,水平刚度1.8kN/mm,耐寒型。

7 产品技术要求

7.1 支座性能要求

7.1.1 变刚度支座力学性能、试验项目和指标要求应符合表7.1.1的规定。

表7.1.1 变刚度支座力学性能、试验项目和指标要求

序号	力学性能	试验项目	出厂检验	型式检验	指标要求
1	压缩性能	竖向承载力试验	√	√	压缩量不超过支座高度的1%
2	剪切性能	水平刚度	√	√	允许偏差±10%
3	剪切性能相关性	剪应变相关性	×	√	允许偏差±10%
		加载频率相关性	×	√	允许偏差±10%
		反复加载次数相关性	×	√	允许偏差±10%
		温度相关性	×	√	允许偏差±10%
4	极限剪切性能	剪切应变	×	√	达到设计极限位移时,支座无异常变形,且剪力和位移的关系曲线单调增加
5	转动性能	转角	×	√	试验过程无异常;产品拆卸无异常
6	拉伸性能	破坏拉应力	×	√	≥1.5MPa

表 7.1.1(续)

序号	力学性能	试验项目	出厂检验	型式检验	指标要求
7	耐久性能	老化性能	×	√	水平刚度允许变化率为±20%
		疲劳性能	×	√	试件外观无裂缝,刚度变化率≤15%

注:表格中"√"表示必须进行检验;"×"表示不进行检验。

7.2 支座用材料技术要求

7.2.1 橡胶的物理机械性能应符合表 7.2.1 的规定。

表 7.2.1 橡胶的物理机械性能

序号	项目		氯丁橡胶 (适用于 -25~60℃)	天然橡胶 (适用于 -40~60℃)
1	拉伸强度(MPa)		≥17	≥18
2	扯断伸长率(%)		≥425	≥450
3	脆性温度(℃)		≤ -40	≤ -50
4	恒定压缩永久变形(70℃×24h,%)		≤15	≤30
5	耐臭氧老化(试验条件:40℃×96h,30%伸长)		100×10^{-8} 无龟裂	25×10^{-8} 无龟裂
6	热空气老化试验	试验条件(℃×h)	100×72	70×168
		拉伸强度变化(%)	±15	±15
		扯断伸长变化(%)	±25	±20
		硬度变化(IEHD)	0~5	0~5
7	橡胶与钢板黏结剥离强度(kN/m)		>10	>10

注:不得使用任何再生胶或粉碎的硫化橡胶,其最小含胶量不得低于总体积的55%。

7.2.2 变刚度支座应采用不可溶的、热固性的黏结剂,其质量应稳定,黏结滑板和钢材的剥离强度不应小于 5kN/m。

7.2.3 变刚度支座用滑板材应满足下列要求:

1 变刚度支座滑板材料应采用聚乙烯原料加添加剂,聚乙烯原料分子量不宜小于 900 万,混合应均匀。不应采用再生料和回头料。滑板的物理机械性能见表 7.2.3。

表 7.2.3 滑板的物理机械性能

项　目	性能要求
密度(g/cm^3)	0.95
拉伸强度(MPa)	≥45
扯断伸长率(%)	≥300
球压痕硬度(MPa)	23~33(H132/60)

注:球压痕硬度中,H132/60 为荷载 132N、持荷 60s。

2 滑板在 5201-2 优质硅脂润滑条件下与球面镀铬钢板和不锈钢板摩擦时,在平均压应力为 45MPa、试验温度为 23℃±5℃时,初始静摩擦系数不应大于 0.012,线磨耗率不应大于 5μm/km。

3 支座用滑板除常规检测外,应在一批支座中(不大于 100 件)抽取一块滑板,制成标准试片进行密度、球压痕硬度和摩擦系数检验。

条文说明

根据《公路桥梁支座用高分子材料滑板》(JT/T 901)的要求,

变刚度支座采用超高分子量聚乙烯耐磨滑板更符合环保要求。

7.2.4 支座用不锈钢板应采用 06Cr17Ni12Mo2、06Cr19Ni13Mo3 或 022Cr19Ni13Mo3 牌号不锈钢板,冷轧钢板其化学成分及力学性能应符合《不锈钢冷轧钢板和钢带》(GB/T 3280)的规定。严重腐蚀环境中的桥梁,支座用不锈钢板应采用 00Cr17Ni14Mo2 或 00Cr19Ni13Mo3 钢板。钢板表面应符合 No.8 级的加工要求,表面硬度应符合 HV150~HV200。

7.2.5 弧面镀铬表面不应有表面孔隙、收缩裂纹和疤痕,镀铬层的厚度应不小于 100μm,镀铬后表面粗糙度 R_a 应小于 1.6μm。

7.2.6 防腐涂装应满足下列要求:

1 支座钢件表面(除橡胶支座表面外)应按重防腐涂装体系进行防护,涂装干膜总厚度≥250μm。

2 支座用螺栓、套筒应采用镀锌厚度≥50μm 防护。

3 支座使用在《公路桥梁钢结构防腐涂装技术条件》(JT/T 722)中规定的 C1~C3 较低及中等腐蚀环境时,支座外露钢件表面采用 JT/T 722 中配套编号 S04 涂装配套体系。

4 支座使用在 C4~C5-M 较高腐蚀环境,则采用 JT/T 722 配套编号 S07、S09 或 S11 涂装配套体系。

7.2.7 耐寒型支座主体钢部件应采用耐低温钢铸件、锻件或板材,耐低温用钢的 -40℃低温冲击功 KV_2 不应低于 22J。

7.2.8 硅脂应满足下列要求:

1 滑板采用 5201-2 硅脂润滑,硅脂的物理性能不能低于《5201 硅脂》(HG/T 2502)中一等品的规定。

2 硅脂应为乳白色或浅灰色半透明脂状物,不应带有任何杂质。

7.3 尺寸偏差要求

7.3.1 橡胶体尺寸偏差应满足下列要求:

1 橡胶体外形尺寸偏差应符合表 7.3.1-1 的规定。

表 7.3.1-1 橡胶体外形尺寸偏差(mm)

长度(l_a)	偏 差	厚度(t_a)	偏 差
$l_a \leqslant 300$	0~2	$t_a \leqslant 49$	0~1
$300 < l_a \leqslant 500$	0~4	$49 < t_a \leqslant 150$	0~2
$l_a > 500$	0~5	$t_a > 150$	0~3

2 橡胶体内部质量要求应符合表 7.3.1-2 的规定。

表 7.3.1-2 橡胶体内部质量要求

项 目	解剖检验标准
锯开胶层厚度	中间橡胶层厚度应均匀,其偏差不应大于单层橡胶厚度的±10%;且最大偏差绝对值不应大于1.0mm
钢板与橡胶黏结	钢板与橡胶黏结应牢固,且无离层现象,其平面尺寸偏差为±3.0mm
剥离胶层(应按HG/T 2198规定制成试样)	剥离胶层后,测定的橡胶性能与表7.2.1的规定相比,拉伸强度的下降不应大于15%,扯断伸长率的下降不应大于20%

3 橡胶体外观要求应符合表7.3.1-3的规定。

表 7.3.1-3 橡胶体外观标准

项 目	检 验 标 准
气泡、杂质	不允许
凹凸不平缺陷	当支座平面面积小于0.15m^2时,不应多于2处;大于0.15m^2时,不应多于4处,且每处凹凸高度不应大于0.5mm,面积不应大于6mm^2
侧面裂纹、加劲钢板外露	不允许
掉块、崩裂、机械损伤	不允许
钢板与橡胶黏结处开裂或剥离	不允许

7.3.2 钢构件尺寸偏差应满足下列要求:

1 支座顶、底板尺寸偏差应符合表7.3.2-1的规定。

表 7.3.2-1 支座顶、底板尺寸偏差(mm)

长度(l_b)	偏 差	厚度(t_b)	偏 差
$l_b \leq 300$	±0.5	$t_b \leq 30$	±0.2
$300 < l_b \leq 800$	±1.0	$30 < t_b \leq 60$	±0.5
$l_b > 800$	±2.0	$t_b > 60$	±0.8

2 支座圆弧板尺寸偏差应符合表7.3.2-2的规定。

表7.3.2-2 支座圆弧板尺寸偏差(mm)

长度(l_c)	偏差	厚度(t_c)	偏差	圆弧半径(r_c)	偏差
$l_c \leqslant 100$	±0.2	$t_c \leqslant 30$	±0.2	$r_c \leqslant 300$	±0.5
$100 < l_c \leqslant 300$	±0.3	$30 < t_c \leqslant 60$	±0.5	$300 < r_c \leqslant 600$	±1.0
$l_c > 300$	±0.4	$t_c > 60$	±0.8	$r_c > 600$	±2.0

3 支座套筒尺寸偏差应符合表7.3.2-3的规定。

表7.3.2-3 支座套筒尺寸偏差(mm)

直径(d)	偏差
$d \leqslant 30$	±0.1
$30 < d \leqslant 60$	±0.2
$d > 60$	±0.3

7.3.3 成品支座尺寸偏差应满足下列要求：

1 组装后支座顶板与支座底板应平行,平行度不应大于底板对角线长度的2‰。支座顶板与支座底板的中心线应重合,单向活动支座上、导向块应保持平行,最大交叉角不应大于5′。

2 承载力为1000～9000kN的支座,支座高度偏差为±2mm;承载力为10000～25000kN的支座,支座高度偏差为±3mm;承载力为27500～60000kN的支座,支座高度偏差为±4mm。

8 产品检验与验收

8.1 产品检验

8.1.1 支座加工用原材料及外协加工件进厂时,应进行进厂原材料检验,检验项目应全部合格后方可使用,不合格的原材料不应用于支座生产。支座用原材料的进厂检验应符合表8.1.1的规定,并附有每批材料进料材质证明。

表8.1.1 变刚度支座原材料进厂检验

检验项目	检验内容	检验依据	检验频次
滑板	物理机械性能	表7.2.3	每批原料(不大于200kg)一次
不锈钢板	机械性能、厚度、光洁度、硬度	GB/T 3280	每批钢板
钢板	机械性能	GB/T 700	每批钢板
铸钢件	裂纹、蜂窝状孔洞、缺陷	GB/T 7233.1	每件产品
	机械性能	GB/T 11352	每炉
黏结剂	滑板与钢板黏结剥离强度	7.2.2	每批
镀铬层	表面粗糙度、镀层厚度、外观	7.2.5	每件产品
橡胶	物理机械性能	表7.2.1	每批原料(不大于500kg)一次
硅脂	物理性能、外观质量	HG/T 2502	每批(不大于100kg)

条文说明

橡胶物理机械性能的检验,应符合表7.2.1的规定。表7.2.1

中序号为1、2、3、4、6的项目应每批次进行检验,序号为5的项目应每6个月检验一次,序号为7的项目应每12个月检验一次。

8.1.2 支座生产厂在每批支座交货前必须进行出厂检验,出厂检验应符合表8.1.2的规定。

表8.1.2 变刚度支座出厂检验

检验项目	检验内容	检验依据	检验频次
橡胶体	尺寸偏差、缺陷	表7.3.1-1、表7.3.1-3	每个支座
上支座板与下支座板	尺寸偏差	表7.3.2-1	
圆弧板	尺寸偏差	表7.3.2-2	
螺栓、套筒	尺寸偏差	表7.3.2-3	
组装后高度	尺寸偏差	7.3.3	
竖向承载力	压缩性能	表7.1.1	按8.2执行
水平刚度	剪切性能	表7.1.1	

8.1.3 型式检验必需涵盖所有型号的变刚度支座。有下列情况之一时,应进行型式检验。型式检验结果应符合表7.1.1的规定。

1 新产品或老产品转厂生产的试制定型鉴定;

2 正常生产时,如结构、工艺、材料有较大转变,能影响产品性能时;

3 正常生产时,每两年定期进行一次;

4 国家质量监督机构或用户提出要求时。

8.2 产品验收

成品支座的验收,应在工厂生产组装的成品支座中,随机抽取每种型号产品50%比例进行试验,全部项目合格,则判定该批次产品合格。出现不合格的情况,则对该批次产品100%进行试验。试验项目应按照表7.1.1的规定执行。

9 产品检查与养护

9.1 产品检查

9.1.1 变刚度支座运营期间应定期进行检查,一旦发现问题,应及时进行修补或更换。

9.1.2 变刚度支座定期检查内容应满足下列规定:

  1 支座是否出现滑移及脱空现象;

  2 支座的剪切位移是否过大(剪切角应不大于35°);

  3 支座是否产生过大的压缩变形;

  4 支座橡胶保护层是否出现开裂、变硬等老化现象,并记录裂缝位置、开裂宽度及长度;

  5 支座各层加劲钢板之间的橡胶板外凸是否均匀和正常;

  6 支座有无剥离现象,支座是否滑出了支座顶面的不锈钢板。

9.2 产品养护

9.2.1 支座各部位应保持完整清洁,及时清除支座周围的垃圾杂物,冬季还应清除支座上的积雪和冰块,保证支座正常工作;应经常清扫排除墩、台帽上积水;要对梁底及墩、台帽上的残存机油、黄油等进行清洗,防止支座接触油脂。

9.2.2 主梁支座承压不均匀,出现脱空或过大压缩变形时应进行调整。

9.2.3 支座橡胶体发生剪切变形、老化、开裂等指标超过限值时,应及时更换。

9.2.4 支座滑板与不锈钢板夹有泥沙或硅脂油干涸时,应及时清扫、注入新的硅脂油。

9.2.5 每隔两年应对支座锚栓进行清洗涂油,定期更换支座防尘罩。

附录 A 变刚度支座试验要求

A.0.1 竖向承载力试验方法应满足下列要求：

1 试验室的标准温度为 23℃±3℃。

2 试验前将试样直接暴露在标准温度下，停放 24h。

3 变刚度支座试样应按图 A.0.1 放置。

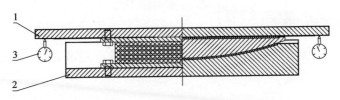

图 A.0.1 变刚度支座竖向承载力试验试样放置方法
1-支座顶钢板；2-支座底钢板；3-百分表

A.0.2 竖向承载力试验加载应按照下列要求执行：

1 将试样置于试验机的承压板上，试样中心与承载板中心位置对准，偏差小于 1% 变刚度支座宽度。

2 试验荷载应取支座竖向承载力的 1.5 倍。

3 加载到设计值的 0.5% 后，核对承载板四边的百分表，确认无误后，进行预压；试样预压时应将支座竖向承载力以连续均匀的速度加满，反复 3 次。

4 预压之后进行正式加载,将试验荷载按 0.01、0.1、0.2、0.4、0.6、0.8、1、1.2、1.35、1.5 倍的设计荷载共划分为 10 级逐级加载,试验时以设计承载力的 1% 或 50kN(两者中较大者)作为初始荷载,每级荷载稳压 2min 后读取百分表数值,直至检验荷载;稳压 3min 后卸载到初始压力,一个加载过程完毕;以上加载过程应连续进行 3 次。

5 试验后读取 4 个百分表的算术平均值作为竖向压缩变形的实测值。

6 试样竖向压缩变形为 3 次试验实测值的平均值。

7 在竖向设计承载力下支座竖向变形应不超过支座高度的 1%。

A.0.3 竖向承载力试验结束后应提交试验报告,试验报告应列出试样的竖向压缩变形,填写变刚度支座竖向承载力试验记录(表 A.0.3)。

表 A.0.3 变刚度支座竖向承载力试验记录表

试样编号											规格		产品厚度		
荷载等级					压力等级								实测变形值(mm)	3次平均值(mm)	试验结果判定
实测次数	传感器编号	1	2	3	4	5	6	7	8	9	10				

表 A.0.3(续)

1	N1								
	N2								
	N3								
	N4								
	Δc								
2	N1								
	N2								
	N3								
	N4								
	Δc								
3	N1								
	N2								
	N3								
	N4								
	Δc								

试 验 者：　　　　计 算 者：　　　　委托单位：
审 核 者：　　　　检验单位：　　　　生产厂家：
试验温度：　　　　恒温时间：　　　　试验日期：

A.0.4 水平刚度试验方法宜按照《橡胶支座 第1部分：隔震橡胶支座试验方法》(GB/T 20688.1)的6.3.2进行,试验记录应按照表A.0.4填写,其中水平刚度应按照表A.0.4中的力学图示计算。

表 A.0.4 水平刚度试验记录表

试验设备					试验日期		
试验温度					恒温时间		
试样编号					产品设计位移		
规格					产品试验位移		
检测过程记录							
1/2 正向上取值 Q_1(kN)	1/2 正向下取值 Q_2(kN)	1/2 负向下取值 Q_3(kN)	1/2 负向上取值 Q_4(kN)	正向最大位移 X_1(mm)		负向最大位移 X_2(mm)	
水平刚度检测结果(kN/mm)							
计算公式 $[(Q_1-Q_4)+(Q_2-Q_3)]/(X_1-X_2)$							
试验运行曲线	剪力 / 剪切位移坐标图，曲线标注点 $(X_1/2, Q_1)$、$(X_1/2, Q_2)$、$(X_2/2, Q_3)$、$(X_2/2, Q_4)$						
备注:							
试验者: 审核者:			计算者: 检验单位:			委托单位: 生产厂家:	

A.0.5 转动能力试验方法应满足下列要求:

1 试验室的标准温度为 23℃±3℃。

2 试验前将试样直接暴露在标准温度下,停放24h。

3 变刚度支座试样应按照图A.0.5放置。

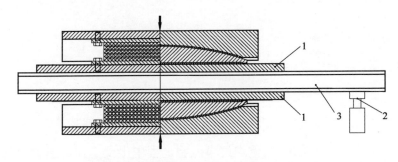

图A.0.5 变刚度支座转动能力试验试样放置方法

1-试件;2-加载装置;3-横梁

A.0.6 转动能力试验加载应按照下列要求执行:

1 第一件试样放置在试验机承压板上,顺桥向中线与转角加载力臂装置方向一致,中心位置与机器中心位置偏差不大于产品宽度的1%。放置好横梁后,将另外一个试样倒置在横梁上,两个支座的顺桥向方向一致,中心对正,两产品中心位置偏差不大于产品宽度的1%,顺桥向轴线夹角小于2°。

2 试验机加载荷载应取支座设计荷载的1.5倍并保持,在试验结束前,荷载波动不得大于10%。

3 试验过程中顶起加载横梁,使产品转角达到0.02rad的转角或设计转角(取两者中的较大者),保持荷载1h后卸载。

4 支座在测试中以及在测试后拆解时,均应进行目测检查,要求钢件、滑板、橡胶均无损伤。

A.0.7 转动能力试验报告应包含下列内容:

1 试件概况描述。

2 试验荷载、转角、试验温度及试样恒温调理时间。

3 试验装置简图及所用试验设备名称及性能概述。

4 描述试验过程,重点记录试验过程中出现的异常现象。

5 试验后拆解支座,检查记录支座钢件、滑板、不锈钢及橡胶体状态,并详细描述。

6 试验照片。

7 试验结果评定。

附录 B 变刚度支座应用案例

B.0.1 工程概述

某大桥桥孔布置设计为 9 孔 40m 预应力混凝土简支 T 梁桥,每孔由 4 片 T 梁组成,梁高 2.5m,结构简支桥面连续。下部结构 1~7 号墩为空心薄壁墩,8 号墩为实心方墩。大桥立面图和桥墩编号如图 B.0.1 所示,桥墩高度见表 B.0.1。采用两种分联方式进行对比分析,分联方式一:3 跨一联;分联方式二:9 跨一联。

表 B.0.1 某大桥墩高参数表

墩 号	墩高 L(m)	墩 号	墩高 L(m)
1 号	24.71	5 号	52.46
2 号	47.29	6 号	42.03
3 号	72.88	7 号	24.71
4 号	72.92	8 号	12.60

B.0.2 支座布置

采用等刚度支座设计时,支座刚度参数见表 B.0.2-1。

表 B.0.2-1 等刚度支座刚度值

支 座 种 类	使 用 位 置	水平刚度(kN/m)
GJZ 板式橡胶支座(350×450)	桥面连接的桥墩处	2544
GJZF4 滑板支座(350×450)	桥台或过渡墩处	0

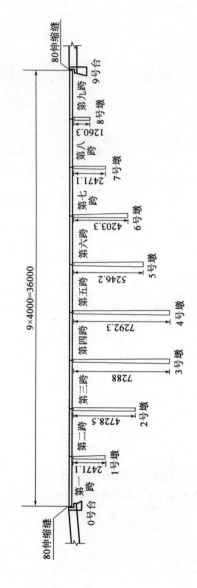

图B.0.1 某大桥立面图及桥墩编号(尺寸单位: cm)

采用变刚度支座设计时,支座刚度参数见表 B.0.2-2。

表 B.0.2-2 变刚度支座刚度值

墩 号	墩高 L(m)	水平刚度 K_h(kN/m)
1 号	24.71	1000
2 号	47.29	1000
3 号	72.88	5000
4 号	72.92	10000
5 号	52.46	5000
6 号	42.03	1500
7 号	24.71	1000
8 号	12.60	1000

B.0.3 有限元模型

上部结构建成空间梁格杆系模型,支座采用弹簧单元模拟,主梁与支座顶部节点的连接采用刚性连接模拟,支座底部节点与盖梁的连接采用刚性连接模拟,墩底采用一般支承固结。通过建立实际厚度的桥面铺装混凝土层单元,将该单元两端与相邻主梁单元端部共节点实现桥面连续。

B.0.4 地震荷载

桥址处地震动峰值加速度为 $0.20g$;根据《公路桥梁抗震设计细则》(JTG/T B02-01)第 2 条,本工程属于 C 类桥梁抗震设防类别,按Ⅷ度设防。反应谱特征周期为 0.35s。采用 E1 地震荷载进行地震反应谱分析,考虑了150阶振型以保证90%以上的有效参与质量。计算E2地震荷载进行地震反应谱分析,参照本示例E1地震荷载分析方法进行。

B.0.5 结构基本动力特性

将3跨一联等刚度分联与9跨一联变刚度分联形式的全桥面外一阶模态和面内一阶模态进行对比,见表B.0.5。

表B.0.5 采用不同分联形式和支座刚度时全桥固有模态对比

分联形式	支座刚度	阶数（一阶）	频率（Hz）	振 型 图
3跨一联	等刚度	面外	0.171	
		面内	0.278	
9跨一联	变刚度	面外	0.354	
		面内	0.377	

9跨一联变刚度的面外一阶频率为0.354Hz,面内一阶频率为0.377Hz,分别是3跨一联等刚度的面外一阶频率(0.171Hz)和面内一阶频率(0.278Hz)的2.07倍和1.36倍。

B.0.6 墩底地震响应对比

经过试算,最终调整9跨一联各桥墩上支座水平刚度为表B.0.2-2中变刚度数据。如图B.0.6所示,在E1地震+永久荷载作用下,对于墩底纵桥向弯矩,除了2号和3号墩略大于3跨一联等刚度(分别为1.29倍和1.15倍)之外,其余墩上的墩底纵向弯矩均小于3跨一联等刚度形式,且分布更加均匀;对于墩底横桥向弯矩,1号和5号墩较3跨一联等刚度形式有明显下降(分别为0.71倍和0.58倍),整体分布更加均匀。

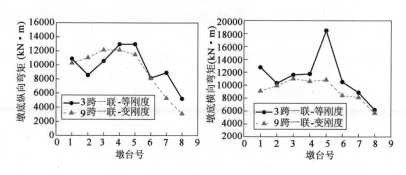

图B.0.6 某大桥墩底纵向和横向弯矩图

B.0.7 结论

1 采用长分联形式,能够增加结构刚度,提高桥梁结构整体性,改善桥梁动力性能。

2 采用变刚度支座设计时,有利于各墩内力分配均匀,减小弯矩峰值,提高结构的安全储备或在此基础上进行优化设计。

本规程用词用语说明

1 为便于在执行本规程条文时区别对待,对要求严格程度不同的用词说明如下：

1) 表示很严格,非这样做不可的：
   正面词采用"必须",反面词采用"严禁"。
2) 表示严格,在正常情况下均应这样做的：
   正面词采用"应",反面词采用"不应"或"不得"。
3) 表示允许稍有选择,在条件许可时首先应这样做的：
   正面词采用"宜",反面词采用"不宜"。
4) 表示有选择,在一定条件下可以这样做的,采用"可"。

2 条文中指定按其他有关标准执行的写法为"应按……执行"或"应符合……的规定"。